U0694931

Zhongguo Wenhua
Zhishi Duben

中国·文化知识读本

主编

金开诚

编著

王泽妍

普陀山

吉林出版集团有限责任公司

吉林文史出版社

图书在版编目（CIP）数据

普陀山 / 王泽妍编著. —— 长春 ：
吉林出版集团有限责任公司 ：吉林文史出版社，2009.12 （2023.4重印）
（中国文化知识读本）
ISBN 978-7-5463-1276-7

Ⅰ. ①普… Ⅱ. ①王… Ⅲ. ①普陀山-简介 Ⅳ.
①K928.3

中国版本图书馆CIP数据核字(2009)第223028号

普陀山

PUTUOSHAN

主编/ 金开诚 编著/王泽妍

项目负责/崔博华 责任编辑/曹 恒 崔博华

责任校对/梁丹丹 装帧设计/曹 恒

出版发行/吉林出版集团有限责任公司 吉林文史出版社

地址/长春市福祉大路5788号 邮编/130000

印刷/天津市天玺印务有限公司

版次/2009年12月第1版 印次/2023年4月第5次印刷

开本/660mm×915mm 1/16

印张/8 字数/30千

书号/ISBN 978-7-5463-1276-7

定价/34.80元

前　言

　　文化是一种社会现象，是人类物质文明和精神文明有机融合的产物；同时又是一种历史现象，是社会的历史沉积。当今世界，随着经济全球化进程的加快，人们也越来越重视本民族的文化。我们只有加强对本民族文化的继承和创新，才能更好地弘扬民族精神，增强民族凝聚力。历史经验告诉我们，任何一个民族要想屹立于世界民族之林，必须具有自尊、自信、自强的民族意识。文化是维系一个民族生存和发展的强大动力。一个民族的存在依赖文化，文化的解体就是一个民族的消亡。

　　随着我国综合国力的日益强大，广大民众对重塑民族自尊心和自豪感的愿望日益迫切。作为民族大家庭中的一员，将源远流长、博大精深的中国文化继承并传播给广大群众，特别是青年一代，是我们出版人义不容辞的责任。

　　本套丛书是由吉林文史出版社和吉林出版集团有限责任公司组织国内知名专家学者编写的一套旨在传播中华五千年优秀传统文化，提高全民文化修养的大型知识读本。该书在深入挖掘和整理中华优秀传统文化成果的同时，结合社会发展，注入了时代精神。书中优美生动的文字、简明通俗的语言、图文并茂的形式，把中国文化中的物态文化、制度文化、行为文化、精神文化等知识要点全面展示给读者。点点滴滴的文化知识仿佛颗颗繁星，组成了灿烂辉煌的中国文化的天穹。

　　希望本书能为弘扬中华五千年优秀传统文化、增强各民族团结、构建社会主义和谐社会尽一份绵薄之力，也坚信我们的中华民族一定能够早日实现伟大复兴！

目录

一、普陀山的地质状况 · · · · · · · · · · · · · · · · · · · 001

二、普陀山的自然资源 · · · · · · · · · · · · · · · · · · · 007

三、普陀山的风景名胜 · · · · · · · · · · · · · · · · · · · 015

四、普陀山的传说故事 · · · · · · · · · · · · · · · · · · · 063

五、普陀山的历史文化 · · · · · · · · · · · · · · · · · · · 105

六、普陀山的特色饮食 · · · · · · · · · · · · · · · · · · · 117

一、普陀山的地质状况

普陀山地质属古华夏褶皱带浙东沿海地带，形成于一亿五千万年前侏罗——白垩纪，燕山运动晚期的侵入花岗岩构成岩石基础。普陀山也是典型的低山丘陵区，受区域构造控制，形状呈菱形展开，岬角呈北西西向伸延。其地貌因受第三纪新构造运动地壳间歇上升及第四纪冰期、间冰期海蚀作用影响，可分为山地、海蚀海积阶地、海积地、海蚀地四类。

山地

全岛为低山丘陵区，海拔 200 米以上低山约 0.24 平方公里，占总面积 2%。余下均为 200 米以下丘陵地，最高寺院慧济寺建在海拔 291.3 米的佛顶山。山体由坚硬的钾长

普陀山位于舟山群岛中的一个小岛上

普陀山山体为坚硬的
钾长花岗岩组成

花岗岩组成，经风化侵蚀，沿垂直角度剪切节理发育而成。山体四周崩塌，形成脊窄壁陡、孤峰突起风景地貌。岛西梅岑山二龟听法石、磐陀石、五十三参石，岛东侧云扶石、海天佛国石，东海岸师石巨岩怪石参差矗立，有"危石若悬，坠石若扶，崩石若斧"之奇。这种千姿百态的岩石，均在燕山运动晚期形成，周围岩体崩塌而形成孤石，经阳光、空气、水分作用，岩石棱角风化，形成奇特的自然景观；花岗岩体沿节理断层错位，断落岩块堆积成门或洞，西天门、凉心洞、观音洞、古佛洞均属此类。

保存完整的普陀山
海蚀阶地

海蚀海积阶地

海蚀、海积阶地由阶段性断块升降和海水进退而形成，普陀山至今保存有完整的五级海蚀阶地和三级海积阶地。其面积占全岛总面积90%，其中四、五级海蚀阶地呈浑圆状，构成岛上主要山脊。

一级海蚀、海积阶地：海蚀阶地零星分布在岬角附近海岸，海拔5米左右；海积阶地分布于滨海平原、港湾间，如岛西司基湾海积平原，岛东之千步沙、百步沙等。

二级海蚀、海积阶地：高度10—18米，典型的地形见于岛东南沿岸金沙湾两侧边缘。

三级海蚀、海积阶地：高度40—50米，海蚀阶地分布在几宝岭、金沙山——青鼓垒海岸岬角；飞沙岙、大小水浪沙湾、龙湾有完整的海积阶地，系古海湾沉积体。

海积地貌

受构造影响，周多岬角、港湾，湾内沉积物以本地砂砾质为主，其外主要由长江供给的细粒沉积物。东岸和北岸，水动力强烈，涌浪和拍浪直逼滩面，沿岸以砾石滩、沙滩为主。西岸和南岸，水动力弱，潮间带堆积

主要由长江供给的粉砂淤泥，发育成宽阔泥滩。其中沙滩全长约 5.17 公里，占全岛岸线的 22%，分布为岛北后岙沙，岛东飞沙岙、千步沙、百步沙，岛南金沙等。沙质自岸向海由粗而细，潮间带以下转为泥质。砾石滩全长约 3.23 公里，占全岛岸线 14.3%，分布岛西北大水浪、冈墩北海岸及飞沙岙东南祥慧庵沿岸一带，呈带状嵌镶在海湾内。飞沙岙东南及伏龙山小山洞对面砾石滩宽 20—30 米，余皆数米。砾石直径大小一般在 0.05—0.5 米间，最大可达 1.5—2 米，由于涌浪、激流冲击，摩擦成浑圆形。

普陀山上树木葱郁，
林幽壑美

海蚀地貌

普陀山岛周围岬角处，浪击作用强烈，基岩不断破坏，形成多种类型海蚀地貌。主要有海蚀岸、海蚀台、海蚀洞。如法台、心字石、潮音洞。发育于细粒斑状钾长花岗岩中，大潮涌入洞穴，撞击岩壁发出悦耳潮声。潮水涌入时，压缩洞中空气使其扩张，击穿海蚀洞顶，形成海蚀窗口和天生桥。磐陀石位于V级海蚀阶地上，花岗岩体沿相互垂直的三组节理风化侵蚀，使周围岩石崩塌形成立方体岩块，经长期风吹雨打，岩块棱角磨损，成球状体，被称为"花岗岩球状风化体"。

二、普陀山的自然资源

松鼠

（一）海上动物园

以前普陀山由于岛小、山不高，且每年朝山礼佛和游览观光的游客多，所以野生动物生存环境较差。但近年来，普陀山管理局和森林部门十分重视景区环境和野生动物的保护，使得 12.5 平方公里的普陀山野猫、松鼠、鸟类等野生动物逐年增多。据 20 世纪 90 年代初期园林部门组织人员实地观察调查，岛内的兽类有獐、麝、黄鼬、野猫、松鼠、水獭、穿山甲、蝙蝠等五目十二种；鸟类有白鹭、老鹰、兰翠鸟、杜鹃（布谷鸟）燕子、燕鸥、斑鸠、喜鹊、啄木鸟、广场鸽、赤腹鹰、中鸢等十一目五十二种；蛇类有赤练蛇、

普陀山气候温和，植被丰富

乌梢蛇、白蛇、翠青蛇、银环蛇、眼镜蛇、王锦蛇等一目八种；昆虫类有散白蚁、蜻蜓、蚱蝉、樟叶蜂、蟋蟀、菜粉蝶等九目二十七种；水生类有河虾、河鳗、黄鳝、泥鳅、鲤鱼等一目五科七种；两栖类有娃娃鱼、雨蛙、乌龟、蜈蚣、壁虎等三目五种。这些野生动物营造出人与自然和谐的环境，甚至还有的胆大如虎，见到游人不但不怕不逃，还要盯着人要看个究竟，成了"海天佛国"普陀山的一道亮丽的风景，增添了游客们的游兴。

（二）古树名木

普陀山的古树名木与普陀山历史的发展紧密相连，是文明的象征、历史的见证

普陀山上的古树大多有上百年的历史

和活的文物，以其独有的自然情趣为普陀山的胜景增辉，给游人以美的享受，是普陀山旅游资源的重要组成部分。

普陀山气候温和，雨量充沛，冬暖夏凉，植被丰富，森林覆盖率达80%，素有"海岛植物园"之称。据《普陀山志》记载，普陀共有稀有珍贵古树名木66种，隶属三十五科，五十二属，其中古树有：苏铁、银杏、桧柏、罗汉松、沙朴、榔榆、桑、香樟、舟山新木姜子、黄连木、无患子、滨柃、珊瑚树、蚊母树、大叶桂樱（印度毗兰树）等42种，以罗汉松、沙朴、香樟、蚊母树和枫香树等居多；属名木的有：普陀鹅耳枥、竹柏、普陀樟、全缘叶冬青、山茶、寒竹（观音竹）

等 25 种。全山有古树名木 964 株，其中胸径 1 米以上者 60 株，内银杏两株，罗汉松一株、香樟 41 株、沙朴一株、枫香 14 株、黄连木 1 株。被列为国家重点保护的植物有：普陀鹅耳枥（一级保护）、舟山新木姜子（二级保护）、普陀樟（三级保护）。

普陀山的古树名木首推"地球独子"——普陀鹅耳枥。这株当世珍贵树种生在佛顶山慧济寺的后门西侧，树高 13.5 米，树枝骈出双分，岛上僧尼和群众称它为"夫妻树"。1930 年我国植物学家钟观光到普陀山进行植物调查时发现该树。1932 年，经著名植物学家郑万均先生鉴定，

普陀鹅耳枥

普陀鹅耳枥

认为确是一新树种，树龄 200 年以上，是世界上唯一的一棵，并定名为普陀鹅耳枥，被列为国家一级保护树种。普陀鹅耳枥是雌雄同株，花单性，雄花于 4 月上旬先叶开放，雌花与新叶同时开放。

树龄在百年以上的普陀樟有近百株。其中普慧庵门前岿然屹立的一株巨樟，有七八层楼高，干围粗达 8 米，枝叶茂盛，浓荫蔽天，犹如一朵遮天盖地的绿色蘑菇云，被称为普陀山"千年古樟"。2004 年 10 月，普陀山千年古樟树上，贴上了大红"缘"字，挂上了彩球，来自全国各地 52 名新人，首次由千年古樟作为证婚人，在这里举行了集体婚礼。

普陀山多古罗汉松，全山树龄在百年以上的有 127 株。其中法雨寺内三株和磐陀庵门口一株，树龄均在 500 年以上。在普陀山的寺前庵后和香道路旁随处都可见到高大挺拔的桧柏。古桧柏亦称园柏，全山树龄在百年以上的有 57 株。法雨寺内一株古桧柏，枝干似虬龙盘曲，苍劲古雅，姿态奇特，吸引了众多的海内外香客游人的观赏或拍照留念，郭沫若先生游览普陀山时给它取名为"龙凤古柏"。

普陀山还生长有抗污染力极强的蚊母

蚊母树

树。慧济寺周围有面积约四十余亩的蚊母树林，树龄均在百年以上，为国内少见。法雨寺依山临海，寺后山坡上生长着一片高大的枫香林，每到秋天，红叶相映，为海天佛国增添无限姿色。全山还保存有百年以上的山茶花树 44 株，还生长有银杏、舟山新木姜子、全绿叶冬青、紫竹、刨花楠、全绿叶石斑木等名贵树种。近年来又引进美国湿地松、火炬松、日本花柏、大叶香柏、白榆和华南丛生竹等，大大丰富了普陀山的植物种类。

（一）普陀十二景

三、普陀山的风景名胜

普陀以山兼海之胜，风光独特，四时景变，晨昏物异。其风景点数以百计，可谓风光无限。与其他著名的风景名胜区一样，普陀山也有它的"景中之景"。游览普陀山的历代名人曾凭各自的观感，分别有"普陀八景""普陀十景""普陀十二景""普陀十六景"之颂赞。明代文学家屠隆有咏"普陀十二景"诗，认为普陀十二景是梅湾春晓、茶山夙雾、古洞潮音、龟潭寒碧、大门清梵、千步金沙、莲洋午渡、香炉翠霭、洛迦灯火、静室茶烟、磐陀晓日、钵盂鸿灏。清代裴琎所编的《普陀山志》载十二景为：短姑圣迹、佛指名山、两洞潮音、千步金沙、华顶云涛、梅岑仙井、

普陀山与大海相辉映

朝阳涌日、磐陀夕照、法华灵洞、光熙雪霁、宝塔闻钟、莲池夜月。由于有两个十二景，游人各取所好，直到民国时期，普陀十二景仍无定例，往往在屠隆、裘琏所题中各取数景。

普陀山景点数以百计，美不胜收

莲洋午渡

莲洋即莲花洋，处于舟山本岛与普陀山之间，莲花洋以日本人欲迎观音像回国、海生铁莲花阻渡的传说而得名。清康熙《定海县志》转引《普陀志》云："宋元丰中，倭夷入贡，见大士灵异，欲载至本国，海生铁莲花，舟不能行，倭惧而还之，得名以此。"

莲花洋是登普陀山进香的必由之航

路。旅客的航船行至洋上，如果赶上午潮，就能见到洋面波涛微耸，状似千万朵莲花随风起伏，令人心旷神怡。这就是游人来普陀山所见到的第一景——莲洋午渡。如遇到大风天，这里则是波翻盈尺，惊涛骇浪，景色极为壮观。曾有渔歌咏道："莲花洋里风浪大，无风海上起莲花。一朵莲花开十里，花瓣尖尖像狼牙。"莲花洋多数的日子是风平浪静的，旅客们尽可以在航船上放眼莲花洋上的美景。莲洋午渡景观曾为历代游普陀山的文人吟咏，他们蓉赞叹莲花洋午渡景色，抒发自己游历莲洋的愉悦心情，留下了大量的诗章，如："波上芙蓉尽著化，香船荡桨渡轻沙。珠林只在琉璃界，半壁红光见海霞。"

每当波涛翻涌，水面便荡起层层"莲花"，令人心旷神怡

短姑圣迹

"短姑圣迹"在佛国山门里东南约三百米处。此地旧时原为海滩，滩上有"阔十余米，长百来米，小石自相零附，两侧错列巨细不一形状各异的岩石"，有些石上镌有"短姑古迹"等字样，出没于潮汐浪涛之中，成为旧时的天然船埠。清光绪三十一年(1905年)，普陀山住持了余、莲

禅二僧因潮落潮涨，往来船只靠岸不便，遂募资用巨石垒成长达11米、宽8米的石条道头。在未建普陀山客运码头之前，凡前来普陀山参礼进香、观光揽胜者，都得由此登岸。

相传有姑嫂俩发愿礼佛，几年后凑资买船，渡莲洋朝山进香，船刚泊道头，不巧小姑"天癸"来潮，自愧不洁，不敢下船入山。

短姑古迹

其嫂嫌其无福朝圣，遂嘱其在小舟中等候，独自怅然进山拜佛去了。不想时近晌午，潮水大涨，小舟与岸相隔，小姑久坐船中，饥不得食，甚为惆怅。正在此时，只见一村妇模样的女性，手持食盒至岸，一边向潮水里投下一些石块，一边踩着这些石块径直来到小姑舟中，说是她嫂子托自己捎来的，放

普陀山一景

下食盒，便离船而去。过了不久，其嫂进香归来，谈及此事，两人愕然；"其嫂忽然记起刚才拜佛时，瞻仰莲座，只见观音大士衣裾湿着一片，心里顿有所悟，认为这是观世音菩萨所为，忙又进山到观音面前叩拜去了。因其嫂曾在码头"短其姑"，从此，姑嫂泊舟处即被称作'短姑道头"。道头旁出没于潮水中的石块，传说是菩萨上舟送食时投向潮水里用以跺脚的石块，遂被称作'短姑圣迹"。

梅湾春晓

梅湾春晓指的是普陀山的早春景色，普陀山也称梅岑，又呼作前湾。据传此地

普陀山上树木葱郁

多野梅，庵、篷僧众又多好养梅怡性。所以每到早春季节，遍山野梅，香满山谷，青山绿树，映衬着点点红斑，煞是好看，曾被人誉为"海上罗浮"。在这个季节，每当晴朗无风时日，伫立西山巅，远眺莲花洋，只见渔舟竞发，鸥鸟翔集，海中波涛，道道耀光，山外青山，层层叠翠，美不胜收。若在月夜，则疏枝淡月，岛礁朦胧，幽香扑鼻，更是令人陶醉。在万象更新的春天，历代来游南海普陀名山的文人，都会触景生情，不免联想到人间的岁月流逝，因而怀古、恋今、感物、伤神。

磐陀夕照

"磐陀夕照"说的是磐陀石一带的傍晚

普陀山磐陀石

景色。由梅福庵西行不远处便可看到磐陀石。磐陀石由上下两石相累而成，下面一块巨石底阔上尖，周长二十余米，中间凸出处将上石托住，曰磐；上面一块巨石上平底尖，高达三米，宽近七米，呈菱形，曰陀。上下两石接缝处间隙如线，睨之通明，似接未接，好似一石空悬于一石之上。相传曾有人牵线横割而过，由此可以证明两石并未相接。磐陀石险如滚卵，如果你站在面前，可能会担心一阵大风，将上面巨石吹滚下来，但它却安稳如盘，亿载未动，万劫不摇，两石永远是这样相累相依。磐陀石顶巅平坦，常见有二三十个旅客在其顶上嬉戏，它却纹丝不动，实在是不可

关于磐陀石流传着
许多传说

思议的一大奇观。

　　磐陀石相传是观音大士说法处，石上有
"磐陀石"（侯继高书）"大士说法处""金刚
宝石""西天""天下第一石"等题刻。磐陀
石上凿有石阶，可缘梯上到石顶。每当夕阳
西下，石披金装，灿然生辉，人们如能在此
时登上石顶，环眺山海，洋洋大观，景色壮奇，
"磐陀夕照"便成为普陀山之一大奇观。

　　在磐陀石身上流传有不少典故和有趣的
事情，据说《西游记》的西天便在此处，《红
楼梦》中"通灵宝玉"又和这里的"金刚宝石"
形意相似，因而有许多电视、电影剧组在这
里拍摄外景。更有不少朝山的妇女登此石时，
拿着自带的金属钱币在石上磨光，带回家去

佩挂在儿孙身上，借以"壮胆""祛灾"。

莲池夜月

"莲池夜月"指的是海印池的月夜景色。海印池在普济寺山门前，也称"放生池""莲花池"，原是佛家信徒放生之池塘，后植莲花，即称"莲花池"。

莲花池面积约十五亩，始建于明代。池上筑有三座石桥，中间一座称平桥，北接普济寺中山门，中有八角亭，南连御碑亭。御碑亭、八角亭、普济寺古刹建在同一条中轴线上。古石桥横卧水波，犹如人间仙境，美轮美奂！轴线将池一分为二，

普陀山莲花池

普陀山海印池平桥

普陀山
026

池中荷叶田田，映衬着古树、亭廊，构成一幅美丽的图画

成为东西莲花池，周围设有古色古香的石雕栏。

莲花池三面环山，四周古樟参天，池水为山泉所积，清莹如玉。每当盛夏之际，池中荷叶田田，莲花亭亭，衬映着古树、梵宇、拱桥、宝塔倒影，构成一幅十分美妙的图画。夏日月夜到此，或风静天高、朗月映池，或清风徐徐、荷香袭人，更是一番良辰美景，令人流连忘返。

荷花，佛家称之为莲花，是圣洁、清净的象征。佛家认为众生皆有"佛性"，

莲花"出淤泥而不染，濯清涟
而不妖"

只是由于被生死烦恼所困扰，而没有焕发出自己的佛性，因而还陷在生死烦恼的污泥之中。莲花则"出淤泥而不染，濯清涟而不妖"，故佛教以莲花来比喻"佛性"。唐代诗人孟浩然在《大禹寺义公附中有诗句云："看取莲花净，方知不染心。"观世音菩萨是普渡众生往生莲邦的"莲花部主"，所以，海印池自然也就与观世音菩萨联系起来了。历代文人在观赏莲池景观时，也就往往把摹景和自己对佛之所悟融会起来。

法华灵洞

　　沿几宝岭东天门而下，出洪筏房左拐沿小径拾级而上，过古草茅篷（现为民房），便是普陀十二胜景之一的"法华灵洞"。这里方圆左右巨石自相垒架，形成洞穴数十处：有的有空刻露，伛行可过；有的宽广如室，中奉石像；有的上丰下削，泉涓滴漏，自石罅流出而下注成池。普陀山洞穴虽多，层复出奇，唯此处为最。洞外有"青大福地""普陀岩""东南大柱"等题刻。

　　游普陀山不可忽略法华洞的奇特景

百步沙风光

观。前人认为即使选景，法华也属佳境，如明洪陈赋诗云："游山须选峰，峰峰必造极。试问何处佳，法华最奇特。"

朝阳涌日

过仙人井，登几宝岭东望，见岗上有岩斜峙似象，昂首举目，眺望东海，此即为象岩。象岩上侧，犹有驯服似兔的兔岩。象岩以东临海处，复道转折，层梯而下，有一天然洞窟，广不逾丈，却幽邃窈冥。洞外巨石参差，积叠入海。洞面朝东洋，左右挽百步沙与千步沙。每当晴日，清晨在此看日出，观海景，景色壮丽，令人叹为观止。旭日"巨若车轮，赤若丹沙，忽从海底涌起，赭光万道，散射海水，前鲜想曾光耀心目"。所以人们给它起名为"朝阳洞"，并把"朝阳涌日"列为普陀十二景之一。在普陀山见日出，以朝阳洞为先。

朝阳洞也是听潮音的好去处。朝阳洞上原有朝阳庵，据书载，身处此庵，浪涛轰鸣其下，如千百种音乐交响迭奏，别有

朝阳洞为普陀山观日出
最理想的地方

情趣。作家王鲁彦夫妇曾偕郁达夫在原朝阳庵中下榻，写了一篇散文，曰《听潮的故事》，把这里的潮音作了如下的描绘："如战鼓声、金锣声、呐喊声、叫号声、啼哭声、马蹄声、车轮声、机翼声掺杂在一起，像千军马混战起来……"郁达夫还在诗中写道："雪涛怒击玲球石，洗尽人间丝竹音。"

朝阳庵毁于民国初年，1992年在原址修建观日阁。现今的朝阳洞景色包括朝阳洞、观日阁、揽霞亭、六观亭等，并设有茶室、购物商场。古色古香的观日阁，又称朝阳阁，建在朝阳洞上方，濒临瀚海，飞檐翘角，金碧辉煌。阁高18米，长宽各12米，依山起势，蔚为壮观。阁内分上中下三层，设购物、休息、观海三个大厅，周壁陈列"三十二观音"画像，线条流畅，形象生动。中下二层设根雕艺术馆，展示大、小根雕观音佛像百余尊，为海天佛国新增的一独特景观。登阁观口出，眺望东海，更是景上有景。

揽霞亭又称朝阳亭，建在朝阳洞左平台

登阁观日出，眺望东海

上，近崖濒海，每当旭日东升，霞光辉映，景色奇丽。

千步金沙

"千步金沙"在普陀山的东部海岸，南起几室岭北，东北至望海亭。普陀山东侧的一条循山道路名为"玉堂街"，街右沿海即为千步沙，南面过朝阳门为百步沙。千步沙因其长度近千步而得名。

千步金沙

千步金沙，沙色如金，纯净松软，宽坦软美，犹如锦茵设席，人行其上，不濡不陷。曾有诗曰："黄如金屑软如苔，曾步空王宝筏来。九品池中铺作地，只疑赤足下莲台。"此处海浪日夜拍岸，涛声不绝。浪潮嬉沙，来如飞瀑，止如曳练。每遇大风激浪，则又轰雷成雪，豁人心魄。悠忽之际，诡异尤常，奇特景观，不可名状。千步沙沙坡平缓，海面开阔，且水中无乱石暗礁，常为游泳健儿所青睐。夏日里来的游客，千万不要错过这一景观，或在游山之后，赤足行走其上，让海浪亲抚你的脚面，其趣其味，未经亲试者不可想象。或者静静地在沙滩上坐上一会儿，听听潮声。或者干脆换上泳装跃入佛海波涛，它会给你带来无限凉爽。千步金沙并不只是白天很美，每临月夜，婵娟缓移，清风习习，涛声时发，其清穆景色更为诗意盎然。故有人曾将其与壮丽的朝阳涌日，合称普陀山观绝。

海岸碑坊

海岸碑坊始建于1919年，四柱三门，翠瓦飞檐，上有"南海圣境""同登彼岸""宝筏迷津""金绳觉路""回头是岸"匾额五重，为北洋政府黎元洪、徐世昌、冯国璋等所题。门柱上刻有楹联："有感即通，千江有水千江月；无机不被，万里无云万里天""圣迹著迦山，万国生灵皆乐育；佛光腾海岛，千年潮汐静波涛""一日二度潮，可听其自来

普陀山牌坊

自去；千山万重石，莫笑他无觉无知"，"到
这山来，未谒普门当先净志；渡那海去，
欲登彼岸须早回头。"

岛上的风景旅游
资源丰富多样

光熙雪霁

光熙峰在佛顶山东南，一名"莲花石"、
又名"石屋"。从远处望去，翠绿丛中，
峰石耸秀，似莲花，如白雪积峰。

"光熙雪霁"指的是光熙峰的雪后景
色，为普陀十二大景观之一。普陀山难得
下雪，冬天显得宁静奇妙。但如果你运气
好，赶上一场大雪，登上佛顶山，俯瞰光

大圆通殿是普济寺主殿

熙峰，犹如碧玉塑就，银装素裹，千树万树梨花开，山色混一，海大抵与冻云齐平。此情此景，你会觉得心清虑净，犹如身临洁白无瑕的佛国净土，舒畅无比。

光熙峰的雪景，是不大容易见到的，但普陀是佛家圣地，佛门弟子常来常往，如果常住静修，就有缘赏识普陀山的"雪霁"风光。

但如果遇不上下雪天，那也没关系，旅客如有意上光熙峰揽胜，那也会是十分美妙的，屠隆有诗云："心境真开阔，悠然见太虚。光熙峰上立，不动自如如。"

海上卧佛

海上卧佛——洛迦山，现建有圆通禅院、大悲殿、大觉禅院、伽蓝殿、韦驮殿、土地祠、园觉塔等宗教名胜。而令游客印象最深的应该是两座建筑精巧别致的宝塔——妙湛塔和圆觉塔。妙湛塔又名五百罗汉塔，塔院占地960平方米，院门外有青石雕塑四天王立像，门内两侧各浮雕六位天女，塔院左壁为《南海普陀洛迦山五百罗汉塔乐助功德芳名碑》。圆觉塔位于大悲殿南山旮间，塔院面积为120平方米，南面照壁刻"万德庄严"四字，东、西角各置石香亭一座，正中设石

案供桌，院西有一石木鱼，重达一吨，上
刻"佛知与不知"五字，向香客游客透露
了佛法不可思议的深奥哲理。

普陀山元代多宝塔

茶山凤雾

茶山位于佛顶山后，自北而西，蜿蜒
绵亘。山势空旷，中多溪涧。据史载，此
处盛产茶茗，山上僧人每每于谷雨前采摘，
药用价值较高，可治血痢肺痛。山上还生
长山茶花树，树高数丈，每到冬春之交，

远观普陀山南海观音像

丹葩被谷，灿若珊瑚林，煞是一番景致。茶山多雾，白色的云雾常随风浮荡，所到之处无不为佛国山川添色。而每在日出之前，茶树林夙雾缭绕，时而如丝似缕，时而姻缊弥漫。此时此刻，如若身处其间，如梦如幻，令人遐想无限。

古代普陀山没有居民，山中僧人自种自食，种茶是住山僧人的一项重要劳作。每

普济禅寺

到采摘季节，众僧一齐出动，山上立时出现一种"山山争说采香芽，拨雾穿云去路赊"（明·李桐诗句）的繁忙景象。普陀茶山之茶，被人称作"云雾佛茶"，因为此茶树多为僧人所植，因而与山僧谈论"茶山夙雾"也别具情韵。

（二）普陀山三寺

普济禅寺

普济禅寺是普陀山供奉观音菩萨的主刹，始建于北宋，又称前寺。普济寺于清康熙三十八年（1699年）建成，钦赐"普济群灵"匾额，逐以"普济禅寺"名之。普济寺规模宏大，建筑雄伟，有殿宇九座，其中大圆通殿是寺之正殿，殿正中塑观音

普济禅寺牌匾

像，高约九米，两边塑观音三十二应身像，展现观音在十方世界以不同身份出现的各种形象。寺前有御碑亭、海印池、永寿桥、八角亭。寺内中轴线上依次为御碑殿、天王殿、大圆通殿、法堂、藏经阁、方丈殿、内坛，两厢有钟鼓楼、祖师殿、罗汉堂，还有普门、文殊、普贤、地藏四个配殿，称得上是"五步一楼，十步一阁"。其主殿大圆通殿，宽敞雄伟，百人共入不嫌宽，千人齐登不觉挤，人称"活大殿"。

法雨禅寺

法雨禅寺建于明万历年间，位于佛顶山近半腰处，在岛的中部，又称后寺。共有六重殿堂，殿内正中供有毗卢观音像，像后供

法雨禅寺

千手观音，系用香樟木雕刻成天王殿、玉佛殿、九龙殿、御碑殿、大雄宝殿、藏经楼依山取势，分层展开，恢宏壮观。清康熙三十八年（1699 年），康熙帝御书匾额"天花法雨"，遂为寺名。寺中九龙观音殿是将明太祖朱元璋在南京的故宫九龙殿拆建的，金碧辉煌，为建筑艺术之佳品，是全国寺院规格最高的一座佛殿。殿内顶端藻井悬挂一珠球，四周悬着九根竖椽，每椽均雕着昂首舞爪的蟠龙。九龙飞舞，争抢珠球，栩栩如生，巧夺天工。

慧济禅寺

慧济禅寺建于佛顶山上，又名佛顶山寺，是普陀山第三大寺，建筑倚山势而建，颇具江南园林特色。正殿大雄宝殿正中供奉释迦牟尼及二弟子佛像，这是普陀山寺庙中唯一一座主殿不供奉观音而供奉佛祖的寺庙。在岛上最高处供奉佛祖，以示信徒对佛祖的崇敬。

慧济禅寺

普陀山上精美的雕刻随处可见

普陀山寺庙内供奉的佛像

多宝塔

（三）普陀山三宝

多宝塔

多宝塔亦称太子塔，位于海印池东南端，是普陀山唯一保持原貌的最古老的建筑物，它是元代建筑艺术的精品，也是浙江省唯一的一座元代石塔。

多宝塔取《法华经》"多宝佛塔"之义而定名，建于元朝元统二年（1334年）。塔高32米，四面五层，有台无檐，全用太湖美石砌成。塔上身三层四面各镂古佛一尊，瑞容妙丽，尤其是观世音圣像，神态温和凝重，给人以亲切端庄之感。背景为十八罗汉，每个罗汉神态各异。每层挑台置石栏，石栏柱端刻有守护天神、狮子莲花等图案。底层基座平台较宽，挑台面栏柱刻有护法神狮及莲花，四周栏下雕有龙首二十个，张口作吐水状，造型生动。顶层四角饰有蕉叶山花，极具元代建筑风格。此塔系由山僧孚中禅师募资改建，并得到太子宣让王等江南诸藩王资助，遂将塔建成，并在塔旁建造太子塔院。1919年，印光法师与住持了余、了清等请无为居士陈性良募捐补修。多宝塔为典型的元代建筑工艺，被列为省级重点保护文物，属普陀山三宝之一，康有为曾在塔院假山石上留题"海山第一"四字。每到清晨，附近普济寺等古刹传来钟声，更增幽静。

多宝塔

杨枝观音碑

杨枝庵位于浙江省普陀山雪浪山西、清凉冈下。庵内有被称为普陀三宝之一的杨枝观音碑。明万历十六年（1588年）抗倭名将侯继高督师海疆，顺游普陀，将历年所得阎立本和吴道子所绘观音像勒

杨枝观音碑

石，植碑于宝陀寺（今普济寺）前殿。万历二十六年（1598年），殿宇毁于兵燹，碑亦遭劫。至万历三十六年（1608年），宁绍参将刘炳文觅得阎立本观音碑拓本，请名匠重新勒刻杨枝观音碑，并建庵供奉，遂以"杨枝庵"命名。三百多年来，殿宇几经废兴，此碑得以幸存，是普陀山一件艺术瑰宝。石高2.5米，宽1.2米，中间刻观音大士立像，珠冠锦袍，璎珞飘披，右手执杨枝，左手托净瓶，袒露跣足，瑞祥庄严。碑石镌"唐阎立本画"，左间刻"明定海备侯梁文、台州庠生刘聚福勒"，下端刻"武林孙良镌"。此

画像线条流畅，造型端庄，刻划细腻，刚柔相间，造诣深湛，确系艺术珍品。阎立本是唐初著名的人物画家，官至右相，现传世的画绝少，故宫博物馆藏有《步辇图》，画的是唐太宗接见西藏松赞干布使节的故事，此外尚有历代皇帝像，至于佛像，更是凤毛麟角，据说仅存此杨枝观音，可谓稀世之宝。

九龙藻井

法雨寺九龙殿内最有名的当数普陀三宝之一的"九龙藻井"，系清康熙三十八年（1699年）御批拆明朝金陵（南京）故宫迁建于此。因有内槽九龙藻井而得名。

普陀山寺庙房檐一角

九龙藻井，精工巧作，栩栩如生，艺术价值极高。藻井按古朴典雅的九龙戏珠图案雕刻而成，一条龙盘顶，八条龙环八根垂柱昂首飞舞而下，八根金柱的柱基是精致的雕龙砖，正中悬吊一盏琉璃灯，宛若一颗明珠，组成九龙戏珠

的立体图案，造型优美，刀法粗犷，成于明初，九龙殿之名便因此而得。正中供奉6.6米高毗卢观音坐像，后壁为大型海岛观音群塑及善财童子五十三参群像，两旁列十八罗汉。

（四）普陀山三石

二龟听法石

寺庙飞檐上的蟠龙雕刻得十分精美

二龟听法石位于磐陀石西，五十三参石

普陀山二龟听法石

下端的岩崖上，因其酷似海龟而闻名。一龟蹲踞崖顶，回首顾盼，似有等候之意；一龟缘石直上，昂首延颈，筋膜尽露，一副着急相。两龟的形态极为传神，令游人叹为观止。相传两龟受龙王之命前来探听观音菩萨说法，只因听得入了迷，忘了归期，遂化身为石。也有传说，两龟原为一雌一雄，因尘缘未绝，在听法时眉来眼去，顾盼传情，所以被罚作石龟，给修行不诚者作戒。前者传得奇，后者传得妙，各有千秋。清人何辰生在诗中说："见说磐陀若地灵，普门曾此坐谈经。二龟何事翻成石，想是当年不解听。"这是对两龟来历的又一种说法。

磐陀石

"上石凌空孤峙，观之若悬，望之欲坠，被誉为"天下第一石"。磐陀石由上下两石相累而成，下石一块巨石底阔上尖，周广余米，中间凸出处将上石托住，曰"磐"；上石2.7米，宽近7米，上宽下窄，呈菱形，曰"陀"。

上下石衔接处间隙如线，似连似断，好像上石悬空挂在下石之上。"疑天外飞来，似神手搁置"是对磐陀石最相当的描绘。

相传曾有人牵线割过两石交接之处，由此证明二石并未相接，但今人有尝试者却都没有成功过。（一说为每逢大年初一的零时，上石就会漂浮而起，用一根很细的丝线便可

普陀山磐陀石

以横割而过。)

磐陀石险如滚卵，顶端却安稳如磐，可容 30 人在上游玩嬉戏。石上凿有石阶，可缘梯而上到石顶。

石上有明万历年间抗倭将军侯继高题写的"磐陀石"三个笔力遒劲、势如飞天的大字，最令人惊奇的是"石"字上多了一点，据说侯将军题字时，大石左右摆动，摇摇欲坠，于是他在石字上加了一点，磐陀石便稳稳当当地固定住了。

此外还有"金刚宝石""灵通""天下第一石""大士说法处"等题刻。傍晚时分登顶游览，环眺山海，还可欣赏"磐陀夕照"的壮丽景观。

普陀山石刻

普陀山的风景名胜

南無觀世音菩薩

闽第
于罗睿云尘敬刻
乙丑秋

普陀山石刻

相传这里就是观音大士的说法处。磐陀石还有不少典故和有趣的故事，据说《西游记》的西天便在此处，《红楼梦》中"通灵宝玉"又和这里的"金刚宝石"形意酷似。

古时更有不少朝山的妇女登此石时，拿着自带的金属钱板在石上磨光，带回家去佩挂在儿孙身上，藉以"壮胆""祛灾"。

心字石

普陀山心字石

心字石坐落在西天门下方，方圆约三百余平方米，圆浑平滑，中刻一巨大的"心"字，此字长5米，宽7米，周边近五十米，中心一点可容八九人同坐，整个字可容近百人打坐，真可谓"心怀博大"，为普陀山最大的石刻文字。据传观世音菩萨曾在此石上讲说"心经"。佛家以修心为上，人们到普陀山礼佛，都喜欢到心字石，或绕着心字环行抚摩，或坐在心字中摄影留念，以作为对佛诚心或人间友情的

普陀山石碑

象征。有《心字石》诗云："海山胜迹在西天，一字红心耀眼光。恒作人间功德事，是心即佛量无前。"心字石右上方约五米处的峪谷间有一石向外伸展，隐现于草莽荆棘之间，其状酷如蛇头。距此石不远处的西天门西侧又有一石，形肖似蛤蟆，翘首向蛇，坦然自若。传说有一蟒蛇经观音菩萨指点而得道。一天，观音菩萨在蛇背上放上一只蛤蟆，以试蛇心，可那蟒蛇寂然不动，丝毫没有伤害蛤蟆之意，这便是"佛试蛇心"故事的由来。后来便有人在蛇首右左下角平坡巨石上刻了个大大的"心"字，更是妙笔点题，耐人寻味。

（五）普陀山三洞

朝阳洞

朝阳洞在普陀山几宝岭的尽头，延伸于海中的山崖上，因旭日东升，先映此洞，故名。朝阳洞外巨石参差，洞口直面东海，左右挽百步沙与千步沙。在普陀山观日出，以朝阳洞为最，故有"朝阳涌日"之说。黎明时分到此游览，只见一轮旭日"巨若车轮，赤若丹沙，忽从海底涌起，赭光万道，散射海水，前贤想曾光耀心目"。景色之壮观，令人叹为观止。正所谓，晨曦出海，万道霞光如碎金铺海；惊涛拍岸，隆隆潮音似战鼓齐鸣。

朝阳洞外巨石参差

普陀山潮音洞一景

潮音洞

潮音洞位于普陀山紫竹林内，龙湾之麓，距停车场仅200米。"潮音洞"这个名称其实是一语双关，一方面因洞穴日夜吞吐海潮，声若雷音；另一方面借"潮音"比喻"佛音"，洞口日夜浪涛不绝，声如观音讲经说法，又如千僧诵经，妙响洗尘，故名。

潮音洞为山石裂隙所成，从崖至脚高数十米，耸起于海滩中。洞半浸海中，纵深三十米左右，崖至洞底深约十余米，洞有二门，通明如天窗，潮水奔驰入洞，浪石相激，声如轰雷。涨潮时倚岩俯视，仿若蛟腾足下，险怪百出，声若雷鸣；晴天时洞内七彩霓虹闪现，蔚为奇观，是普陀山十二景之一的"古洞潮音"。洞内怪石交错，犬齿森然，不可容足。此处海岸曲折往复，巉岩峭壁，怪石层层叠叠。洞底通海，顶有两处缝隙，称为天窗。

石崖上"潮音洞"三大字，系清康熙帝手书。传说此处原来题字为"现身处"，古代信徒们叩求观音大士现身者多在此膜拜。石崖上还刻有"现身处"三大字。据记载，宋元时期来普陀朝山香客，多在潮音洞前叩求菩萨现身赐福。明以后则多去梵音洞叩求

普陀山潮音洞

观音大士显灵。香客中常有纵身跃下山崖，舍身离世，借以往生西方极乐世界的，也曾有人在此燃指，以求菩萨灵验。到明代时明令禁止在此跳海燃指，明万历年间参将董永燧在此建"莫捨（舍）身"亭以戒舍身燃指者；都督李分、参将陈九恩竖"禁止捨身燃指"碑于亭中。清时，如此"舍身"现象愈演愈烈，于是定海县令缨燧在岸上建亭，并亲书《舍身戒》立碑以禁舍身。现在亭已毁坏，碑犹在。

潮音洞左侧上方的岩壑中有一天然小型石泉，石壁上刻有"光明池"三字，此处旧名"甘露潭"，山民称"慧泉"，佛家信众常在此祈求圣水以疗眼疾。据说明正

听惊涛拍崖，观海上日出

德年间，皇太后遣使取此池水治疗眼疾，得以康复，遂改名为"光明池"。潮音洞旁还有一小洞，名善财龙女洞，相传是观音身边的善财、龙女所居之处。

梵音洞

梵音洞历来为普陀山的重要景观。梵音洞与潮音洞南北相对，它和潮音洞的潮音，各俱特色，合称为"两洞潮音"。从法雨寺经飞沙岙，过祥慧庵，即为普陀最东部的青鼓垒山。青鼓垒插入普陀洋，想必此地常为惊涛拍崖，潮声撼洞，昼夜轰响，宛如擂鼓，故又称"惊鼓擂"。在青鼓垒山东南端有一天然洞窟，洞岩斧劈，高约六十米，纵深约五十米，峭壁危峻，两边悬崖构成一门，习称梵音洞。在普陀山众多被人们叹为观止的洞壑中，梵音洞的磅礴气势和陡峭危壁，为其他洞所不及。梵音洞山色清黔，苍崖兀起，距崖顶数丈的洞腰部，中嵌横石如桥，宛如一颗含在苍龙口中的宝玉。两陡壁间架有石台，台上筑有双层佛龛，名"观佛阁"，前可望海，后可观洞，相传为观音大士显圣处。凡欲观览梵音洞者，先要从崖顶迂回而下，然后来到观佛阁。洞深幽，在阳光海潮作用下，洞内岩石各显奇形，变幻莫测。据传在这里观佛，人人看到的佛都不同，即使是同一个人，也会随看随变，极为奇异。此地又为梵音洞观潮最佳处，佛阁下曲通大海，海潮入洞，拍崖涛声如万马奔腾，如龙吟虎啸，日夜不绝，闻之者无不惊心动魄。佛家信众至此，多喜在洞口膜拜，祈求见到观世音菩萨的现身法相。清康熙三十八年（1699年），皇帝御书"梵音洞"额赐挂于此处。

普陀山梵音洞

佛阁下海潮翻滚，拍崖涛声如万马奔腾、龙吟虎啸，日夜不绝。因此，梵音洞又与潮音洞并称为"两洞潮音"，是普陀山上最适宜听潮观海的两个地方。

四、普陀山的传说故事

普陀山承载着厚重而悠久的历史

普陀山悠悠数千年历史，也流传下来了很多脍炙人口的传说故事，这也成为普陀山一道独特的"人文景观"。

（一）普陀山的由来

话说五代后梁贞明二年的时候，因中国佛教在唐时传去日本，当时有很多为了寻求佛法的日本出家人，都到中国来访道寻师，其中有位慧锷和尚，远渡重洋，航海来到中华大国，一方面寻师访道，一方面参礼各处的佛教圣地。有一天来到山西五台山，朝拜大智文殊师利菩萨，遍游五台胜山，参观名胜，看见一尊观音大士的圣像，清净庄严，心羡不已。本想向该寺当家师傅商讨请回日本供养，恐怕人家不允所求，所以他最后想出的办法是不与而取。他以为这是出于善心，能使日本人民视圣像而生信敬，"皈依者福增无量，礼念者罪灭河沙"，这种做法决不会是犯佛戒中的"不与而取的盗戒"吧？所以他打定了主意，就偷偷地把这尊圣像拿走了。

慧锷和尚既然获得这尊无上至宝的圣像，当然不敢再在五台山逗留下去，马上束装就道，买舟东渡，准备回归本国去了。当

这条船开到现在浙江定海县所属的舟山群岛，在一个叫新罗礁的地方，忽然海洋中现出无数的铁莲花（今称莲花洋），挡舟不能前进，如是者三日三夜，这只船始终无法开出，只有远远在普陀山西面打转。如果向东开，即有铁莲花从海中涌现，阻道不前。慧锷和尚此时已经吓得惊惶万状，心中忐忑不安，俗话说"为人不做亏心事，空中打雷我不惊"，他开始静坐思过了。他扪心自问，平生无大过，从来没有做过什么不可告人的坏事，为什么今天在海洋遭阻，进退不能呢？佛教徒遭遇无法解决的困难，会跪向佛前，哀求忏悔。当他跪到菩萨像前，忽然想起这尊菩萨是自己偷

普陀山"生财有道"石刻

来的，方才恍然大悟，引咎自惭，很快地跪下去祷告着说："大士！弟子因见菩萨圣像庄严，我国佛法未遍，圣像少见，我想将菩萨圣像请回日本供奉，假使我国众生此时无缘见您，当从所向，弟子即就该处，建立精舍，供奉圣像。"祷罢舟行，竟至潮音洞边，安然停下。

那时普陀山还是一片荒岛，荒无人烟，虽然在汉时就有汉光武帝的好友严子陵的岳丈梅子真，隐居在这个山上，修身养性（即今梅福庵，内有梅福仙人炼丹井，普陀山又名梅岑山，即指此也）。可是很少有人知道海中有此山，一直到五代后梁贞明年间，仍然还是一座荒山孤岛，只有几个以捉鱼为业的渔翁，在山上搭几间茅草棚子，住在海边山凹里。当时慧锷靠舟上山，寻了大半天，好容易才在离潮音洞不远的山边，找到一间渔人茅舍，该舍主人就是打鱼为业的张渔翁。慧锷和尚说明来意后，他大为感动，同时也欢喜得了不得：菩萨不愿意去日本，而要住在我们这个孤岛荒山之中，这一座荒山真是与菩萨有大因缘了。我们住在这附近的人，还真是有很大的福德和善根呢，所以才能得到观世音菩萨显化此山。他想到这里，很慷

梅福禅院

慨地对慧锷和尚说："师父！你们贵国的人，既无缘见佛，那么你就与菩萨一并住在我们山中，我把住的房子和地让出来，你可以筑庵供奉菩萨，我过海去，叫各地民众来山拜佛供养你，你不要再回日本去了。"慧锷禅师因此不再回日本而就在山上筑庵居住，呼名曰"不肯去观音院"。他成为普陀山第一代的开山祖师。这就是我国普陀山开山之由来。

（二）普陀山八宝塔的传说

凡游览过"海天佛国"普陀山的中外游客，大多知道风景如画的海印池旁有座建筑风格独特的多宝塔。它是普陀山唯一保持原貌的最古老的建筑物，建于元代元统年间（1333—1334 年）。

远观多宝塔

据传，元代时每逢涨潮，滔滔的海浪便会涌到普济寺山门前

当年原宝陀观音寺（今普济寺）住持孚中禅师建此塔时，曾得到元朝皇太子宣让王的资助，故此塔称太子塔。

据传，元代时普济寺与对面的梵山之间，是一条长长的沙滩，紧连百步沙，面临大海，潮水一涨，滔滔白浪就会涌到普济寺山门前。到了农历八月大潮汛时，更是风狂浪高，飞沙走石，这给清静的普陀山带来了不少灾难。有一年中秋期间，元朝皇太子宣让王到普陀山游山玩水，一天夜里，正当他兴致勃勃地坐在普济寺山门前听潮赏月，突然一阵狂风把他吹倒在地，他那顶太子帽也被狂风刮到了海里。太子惊恐万状，忙问住持孚中禅师："这是何物作怪？"孚中禅师见太子动问，便告诉他说："山门前的沙滩下蛰伏着一条小怪龙，每到中秋节时它会喘气、打滚，舒展一下龙身，引起山上起风，海上掀浪，给人们带来祸害。"

太子听了，大吃一惊，急忙问道："小龙如此作孽，如何是好？"孚中禅师说："要镇住孽龙并不难，只要建一座塔就可以了。"太子高兴地说："此法如行，我愿奏明父皇，传旨造塔，镇住孽龙！"孚中禅师连忙合掌施礼道："太子若愿造塔，真是菩萨有灵了！"第二天，孚中禅师带着几个泥瓦匠，来到梵山口的沙滩上，抓住泥沙放到鼻子下闻一闻，蹲下身子，把耳朵贴在沙滩上听一听，最后

普陀山寺院外墙

普陀山
070

普陀山寺庙屋顶造型

普陀山香炉

普陀山寺庙房檐

用禅杖在地面上画了个圈，说："就在这里打桩造成塔！"太子不解其意，正想问明愿因，孚中禅师对他轻声地说："要造塔镇住孽龙，这塔就要造在龙的咽喉七寸之处。"太子听孚中禅师说得有理，便派一名宫监留在普陀山造宝塔，自己回大都去了。时隔一年，一座四角玲珑的佛塔造好了，这就是现在的多宝塔。多宝塔完工那天，正好又是中秋佳节，蛰伏在普济寺山门前沙滩下的小龙又苏醒过来了，它想伸伸腿，舒展一下龙身，却感到浑身不自在，睁开眼一看，见有四根又粗又长的石柱，紧紧地卡住了自己的咽喉，无法动弹。从此，恶浪难越百步沙，狂风远避普济寺。普陀山成了天下第一人间清净土了。

（三）普陀山龙泉的传说

众所周知，"海天佛国"普陀山是个风景秀丽的海上仙山，是我国佛教四大名山之一和观音菩萨道场，但是却很少有人知道山上的息耒小庄宾馆内有一口上千年的古泉，泉水质清味甘，常年不断，一年可供自流水近万吨，当地群众称这口井为"龙泉"。

相传，这口"龙泉"还是西汉末年江西九江县令梅福亲手挖的。梅福是个七品芝麻官，但他刚正不阿，几次上书要皇帝铲除乱臣贼子，重用忠良贤臣，改革弊政，

普陀山海天佛国牌坊

中兴汉室。可是他的一番苦心，并没有得到朝廷的采纳。一天傍晚，梅福高高兴兴地从县府回到家里，突然，闯进两个衙役，用镣铐将他带走了。原来，王莽篡位当了皇帝，他害怕天下百姓不服，要把反对他的人斩尽杀绝，梅福便是其中一个。

梅福成了朝廷钦犯，被押解进京。一天中午，有只翠鸟突然从空中飞下来，轻轻地停在他的肩膀上，点点头，翘翘尾，抖抖美丽的羽毛，又"扑愣愣"地飞上高空，随即"喀喇喇"一声霹雳，天昏地暗，飞沙走石。就在这时，梅福身上的刑具被飞石砸碎了，两个公差也被狂风吹走了。等到风停云

普陀山寺庙一景

散，他已经来到我东海岸边。正当梅福不知所措时，有一条没帆的小船漂到了他的面前，他挣扎着爬上小船。他迷迷糊糊地躺在船上，随大海的风潮漂流到了普陀山的海滩边。他睁眼一看，只见岛上绿树成荫，百花盛开，景色如画，是一座海上仙山。于是他就在普陀山隐居炼丹，施药济世。为找到洗净每天采来的草药用水，梅福在白华山巅的西侧灵鹫峰下发现了这眼清泉，并在其下面挖了一个圆形的水潭以积存泉水。后因普陀山对外开放，发展旅游业，当地旅游部门在"龙泉"旁扩建了星级饭店，这眼泉也被扩建成面积为一百

普陀山普济禅寺

普陀山的传说故事

普陀寺百步滩

余平方米，水深近三米的椭圆形水潭了。

据当地的老人们说，这眼"龙泉"曾多次为缓解普陀山的旱情立下过显赫的"功劳"。1968年是普陀山大旱之年，山上的司基畈长河河底裂缝朝天，全山近百口潭、井的水也先后用干涸，山上树木、花草枯黄，当地群众割了早稻却无水种晚稻。前寺区有六十多亩稻田等水插秧，最终还是灵鹫峰下这眼"龙泉"解难，水源始终不断。农民们搬来抽水机日夜抽水，输水渠道像一条长龙一样穿越西天渡口，清水源源不断地流入农田，不仅使农民们及时插上了晚稻，还为林业部门浇灌周围的古树名木解决了水源，保护了山上的风景资源。

普陀山石雕

1996年夏季，普陀山久晴少雨，旱情又十分严重，供水濒濒告急。当时正值有一大批日本佛教徒要到普陀山朝圣礼佛和游览观光，正当宾馆老总为如何解决供水问题犯难时，又是这眼"龙泉"流出清清泉水，及时地解决了宾馆供水的燃眉之急，涓涓流水满足了日本客人与其他游客的生活需要。所以，山上的群众都说这眼"龙泉"为发展普陀山的旅游事业立下了汗马功劳。

（四）普济寺关山门的传说

普陀山的普济寺有三扇山门，正中为大，叫中山门，它的东边是东山门，西边是西山门。中山门的几扇大门长年累月关闭着。人们平时只能从东、西边门进出。

普陀山山门

据了解，解放前普济寺只开过一次中山门，那是1932年，班禅来普陀山，因此提高接待规格。全国解放后至今，虽开了几次，但次数并不多。

普济寺中山门为何不轻易开，有两种说法。

一说这是观音菩萨立下的规矩。有一次，观音到天台国清寺做客，国清寺的五百罗汉陪观音观光了寺院内外后，傲慢地对观音说："我们国清寺不比你普陀山差吧！"观音听后不以为然，说："国清寺虽好，但比起普陀山来还缺塔和桥这两个建筑。"罗汉们听后很不服气，提出要尽快把塔和桥造起来。观音说："这样吧，我帮你们造一个，你们五百罗汉也造一个，看谁完工快。"罗汉们选择了造塔，叫观音造桥，并约好以鸡叫头遍为完工。当晚，罗汉们吃了斋饭就忙开了。当罗汉们的塔造得差不多时，观音就到离国清寺约四十里外的中方广处，把那里的两座大山一拉，建成了一座大桥，称作石梁桥。这时离鸡叫还有一个辰光（小时），罗汉们造的塔还差一个顶。为了让罗汉们口服心服，观音就装起鸡叫，五百罗汉听到鸡叫声，就停止了造塔。罗汉输了。后来，罗汉们得知是观音在戏弄他们，心中很不服气，想寻机报复。

一次，他们听说普陀山有一口吃斋的大锅，可供一千人吃饭，他们互相商量想一起到普陀山吃饭，把它吃个精光，让观

普陀山南海观音像

乌石滩

音出出洋相。一天，罗汉们化身变成五百个和尚腾云驾雾来到了普陀山，闯入普济寺中山门，直奔厨房吃饭。因观音不防罗汉会来闹事，所以毫无戒备，结果千人锅里的饭不仅让罗汉吃光了，罗汉们还大喊大叫饭没吃饱，喊叫得连烧饭的和尚也被他们吓跑了。

厨房里的吵闹声惊动了观音，她出来后，对罗汉们说："这样吧，你们明天再来，我保证你们吃饱饭。"

第二天中午，五百罗汉果然又来了，入中山门后直奔厨房吃饭。这时观音已化身变成了一位烧饭老者。因罗汉佛力较浅，

古树环绕的普陀寺
寺庙

菩萨脸如满月，眉目清秀

普陀山

看不出烧饭的老者是观音化身，所以毫无戒意地边吃边议论，有的说："大家多吃些，吃光饭我们就能以此为借口，把普济寺闹它个天翻地覆。"可是，整整吃了两个辰光，还是没有把锅里的饭吃完，罗汉们自知斗不过观音，只好灰溜溜地回国清寺去了。

五百罗汉回国清寺后，观音就对普济寺的方丈说："从今天起，除了新方丈升座外，不要轻易开启中山门，以防罗汉再来闹事。"打这以后，普济寺的方丈虽换了几十位，但都能牢记观音的告诫，平时中山门总是紧关着。

普陀山大钟上的刻字

还有一个传说是，关山门是乾隆皇帝立下的规矩。有一次，乾隆下江南来到了普陀山，被山上秀丽的风光和众多名胜古迹迷住了。一次，在他正游览得兴致勃勃之时，下起了雨，而且天也慢慢地暗下来了，这时他想找个地方去投宿。

乾隆沿着山径小道来到了普济寺，这时普济寺除一般客人出入的西边山门开着外，其他两个山门紧闭。他便抡起拳头敲中山门。此时看守山门的小和尚便伸出头来嚷道："谁呀，天这么黑了还在此乱敲山门！"乾隆怒气冲冲地说："高老爷要进寺院，快把山门打开！"小和尚一听，毫不客气地说："什么高老爷，矮老爷，这西门不是开着吗？"乾隆一听，心想这和尚真不知天高地厚，竟要我当朝天子走边门！他面孔一板，说："高老爷从未走过边门，你去告诉方丈，叫他出来大开正门相迎！"小和尚一听，觉得此人来头不小，便说："好，好，请稍等片刻！"

过了良久，小和尚出来了，摇摇手说："不行，不行，方丈说了，国有国法，寺有寺规，普济寺也有自己的规矩，过了辰光，不能随意开启中山门！"小和尚还指着乾隆的鼻子说："这是历代祖师传下来的规矩，谁敢违抗？就是皇帝老子来了，也不准开！"乾隆

普陀山胜景吸引了大批文人墨客，留下了众多传世佳作

普陀山寺庙内的铜牛

急了，脱口而出："不开，不开，以后就不准再开！"他下了一道口谕："普济寺的中山门，从今不准再开！"方丈得知得罪了乾隆皇帝，再三托人恳求乾隆开恩。乾隆细细一想，我几下江南，还不是为了

普陀山南海观世音像

普陀山

体察民情，收买人心吗？于是他正式下了一道圣旨，给普济寺立了一条规矩：除了新方丈升座外，不许随意开启中山门。这样既给方丈一点面子，又显示出皇帝说一不二的威严。这个规矩就这样一直被沿袭下来了。

（五）普陀山喝腊八粥的传说

普陀山每年农历十二月初八有喝"腊八粥"的风俗。为何农历十二月初八要喝"腊八粥"，有两种说法。

一说是为了纪念佛教创始人释迦牟尼的成道。据传，释迦牟尼本是王子，他曾游遍印度的名山大川，寻长老，访异人，苦修行。一天，他来到一片茫茫无际的荒漠，又饥又渴，终于体力不支倒地。这时，一位善良的牧羊姑娘正好路过，见此情况便忙将随身所带的杂饭与泉水煮成粥，喂给他吃。释迦牟尼醒来后，很快恢复元气，谢过牧羊女，继续前进，以坚韧的毅力苦行六年，终于在十二月初八得道成佛。此后，每逢腊月初八，各地佛寺都要取来白米，熬成热粥效法牧羊女，供奉佛祖，并颂经演法，喝"腊八粥"以示纪念。后来，

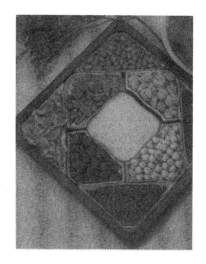

腊八粥食材

腊八粥

官府、民间争相效法，广为流传。到了清朝，此风俗更为盛行，届时合家聚食，而且腊八粥花样也争奇竞巧，品种繁多。北方人喜欢用红米、赤小豆、红枣、米仁、莲子、桂圆、核桃仁、黄豆、松子等原料煮成甜味腊八粥；而南方人则爱用大米、花生、蚕豆、芋艿、荸荠、白果等原料加麻油煮成咸味腊八粥。据说这样煮成的甜、咸两种腊八粥不仅是一种美味节令佳品，而且有很高的食疗价值，有益气调中、养脾益胃、消渴除烦的功用，在隆冬腊月，吃上两大碗营养丰富的腊八粥，对人体大有裨益。

还有一种说法：喝"腊八粥"是普陀山僧人为感谢后山民众帮助建造慧济寺而流传的风俗。据传，明万历年间，普陀山有个法号叫圆慧的小沙弥，不仅学佛刻苦，干活勤劳，而且对普陀山的地理环境也很感兴趣。一天，他在上佛顶山砍柴时发现了一块刻有"慧济禅林"四个大字的石碑,心想，要是在佛顶山建一座庵堂，供僧人静心用功学佛修心该多好啊！于是他把自己的想法告诉了师傅。 师傅觉得他自不量力，有些生气，圆慧发誓说："师傅，我明天就离山化缘去，不到目的誓不回庵。"

第二天一早，圆慧就下了山，从明州（今宁波）入江西再入福建，白天敲着木鱼跑大街，窜小巷，晚上睡在山野庙宇里，化缘近三年，竟没有一个人施舍过一文钱。

普陀山山水与亭台交相辉映

普陀山的传说故事

圆慧想想离山后一无所得，又无脸回山见师傅和各位师兄，不禁仰天大哭起来，他边哭边走到一条小河边，自言自语地默祷道："弟子也不知道什么地方有善信护法，乐助功德，唯有仰仗菩萨冥中加庇，我现将手中木鱼投入河中，随水流去，如果菩萨有灵，木鱼停在哪个地方，弟子就在哪个地方住下化缘。"他说完就将手中木鱼投入河中，木鱼流到哪里，他就跟到哪里。过了三天三夜，木鱼流到了福建泉州某地，突然木鱼停在水中不流了。圆慧就把木鱼从河中捞起，坐在河边手敲木鱼口诵佛号，忽见两个仆人前来问道："小师傅，我家老太太生病多年，没有一个大夫能看好她的病，今天听到了你的木鱼声，

普陀山海神雕塑

普陀山
090

心中非常舒服，所以她一定要请你去家中坐坐。"圆慧就随仆人来到了老太太家中。说来也奇怪，老太太一见圆慧病就好了许多，老太太问小沙弥会不会看病？圆慧说不会看病，老太太又问他会念什么经？圆慧说我出家没几年，只会念大悲咒。老太太说："我听到你的木鱼声音，心中特别好过，你就念大悲咒吧。"于是，圆慧就边敲木鱼边念了几遍大悲咒。真是佛法无边，老太太的病又好了许多，连她自己也不相信病会好得这么快。老太太认为这个小沙弥就是菩萨应化，特地来救她的。老太太就问小沙弥是从何处来？为什么要在河边敲木鱼？圆慧将经过说了一遍。老太

普陀山南海神庙

普陀山的传说故事

太说："你过几天回普陀山去，在佛顶山上搭一个茅蓬，每天在那里念佛看经好了。一月之后我会派人到佛顶山察看地形，替你建筑庵堂。"

自从圆慧回山后，老太太写了一封烧了角的急信给她在朝为官的儿子。信中写道：

普陀山牌坊和香炉

"母亲病重，望儿见信后速回！"她的儿子是个孝子，得知母亲病重就骑快马赶回了福建泉州。但他一进家门看到母亲身体好好的，心里就起了疑团。这时他母亲就与他说起自己病好的原因，并对儿子说："娘为报佛恩，

已许下了大愿，要在普陀山佛顶山出资建座庵。"为了满足老太太的心愿，她儿子就带领一批土木工匠赶到普陀山，找到在佛顶山上学佛念经的圆慧，察看了山上地形。几日后他回家将建庵的砖瓦、木材等备好运到普陀山。造庵需要大量建筑材料，尤其是用来做梁柱的木材，都是合抱粗的原木，而佛顶山是普陀山的最高峰，海拔有近三百米高，且山路陡峭，要把这么多又粗又大的木材运上山去十分费时费力。这时，住在后山的民众都来帮忙，他们给

普陀山普济寺观音金座像

老太太的儿子和圆慧出了个主意，趁天气寒冷，晚上在山道上浇水，第二天早上，水都结成了冰，山道成了天然的滑道，一根根木头系上绳顺着滑道往山上拉，用这个办法，终于解决了运木材和其他大型建筑材料的难题。后山民众不仅为建造慧济寺献计献策，还出了不少义工。为感谢后山民众帮助建寺，圆慧和尚就在寺院建成后的腊月初八这天，用白米、红枣煮粥宴请普陀山民众和前来朝圣的香客。

从此，每逢腊月初八这天，普陀山各

寺院都要请当地民众和香客喝"腊八粥"，此风俗一直流传至今。

（六）普陀山无蛇的传说

相传普陀山是观世音菩萨修法养生之地，有一年春天，她要去天宫开神仙会，可等三天后回来，发现原来树木郁郁葱葱、花香鸟语美丽的普陀山，一下子变成了树木枯萎、寸草不生、荒芜人烟的荒岛，这使她惊呆了。正当她在深思其原因的时候，一个中年男子朝着她走来喝问道："你是何人！胆敢到我的岛上来！""你问我是

普陀山天王殿

何人，我是这里的主人！这是我的地方！我来问你：我才离开这里三天，是谁把普陀山糟蹋成这个样子的？"这人一听，哈哈大笑起来，并伸出三个指头在观世音面前晃动着说："你说这地方是你的，你只离开这里三天，也就是说三天前你还居住在这里，可我在这

普陀山是世界闻名的观
音道场和佛教圣地

里已修道了三千年了，我从来没有见过你！这不是天大的笑话吗？"他怎么会知道，天上一天，地上就是千年，天上三天，地上就是三千年了。

观世音听他说在这里已修行三千年了，就掐指一算，眼前这个人，原来是条毒蛇精！我去天宫开会，我前脚一走，它后脚就进来了。观世音看看眼前生灵涂炭的情景，顿时无比愤怒，要处死这条毒蛇。但转念一想，慈悲之心油然而生，心想处死它易如反掌，然而，念它已修行了三千年，它又有许多子子孙孙需要依靠它，若把它处死，那它的子孙们就难以生存，想到这里，她喃喃自语说：放它一条生路算了。但想到要它离开这里也很难，它在这里毕竟已修行居住三千年了，是不肯轻易离开这里的，必须略施小计，让它乖乖地离开。于是菩萨对

普陀山石刻

它说："你说这里是你的地方，但有什么证据可以证明呢？现在，我想你如果能用你的身体把普陀山整个岛围起来，我就把这地方让给你，如果围不住，那你就得离开这里，你看如何？"

蛇精一听说："好！"心想把岛围起来岂不是件很容易的事，照今天人的话来说"这不过是小菜一碟。""那你不能反悔"

普陀山的传说故事

普陀山紫竹林庵的门额上有康有为
题的"补怛紫竹林"五个大字

它看着观世音说。随后它说声变，刹那间就变成了一条又粗又长的大蛇，迅速地向岛沿岸爬去，用蛇身把岛围了起来。然后，望着观世音说："现在我已把这岛围了起来，这地方就归我所有了，你得给我离开此地！"这时观世音指指海中的一座小山说："你还没有把它围进去呢！"蛇精一看傻了眼，原在旁边的小山怎么会跑到海中去了呢？它哪里知道在它刚围住小岛的时候，观世音用法力一脚把小山踢到远远的海中去了。这座小山就是今天的"洛迦山"。

洛迦山

蛇精心想，就是把那小山围起来也不难，它对观世音说："我再围。"观世音说："你也不用再围了。"随后，从袖中拿出一只与和尚化缘一样的钵说："你若能把这钵的口沿围住也算你赢。"蛇精心想，这就更容易了。就说声变，又变成了一条又细又长的小蛇。它沿着钵口爬呀，爬呀爬，怎么也不能把口沿围起来。它怎会知道，这钵会无尽大的。当它爬得筋疲力尽时，观世音挥指一弹将它弹入钵中去了。

蛇精一跌入钵中，只见钵内光芒万丈，它顿时感到头晕目眩，钵中热的像在蒸笼

观世音像

里蒸似的，快要把它溶化了。这时，蛇精才知道今天遇到了佛法无边的"武林高手"了。它连声求饶："菩萨饶命！菩萨救救我！""救你可以，但你必须马上给我离开这里！"蛇精连说："是！是！"观世音把它放出来后，它就带领着它的徒子徒孙向海中游去，但不管它游到哪里，在面前就会聚拢很多莲花挡住了它的去路，它知道菩萨又在为难它了。它再次向观世音求饶，请求她放自己一条生路。

莲花挡路是观世音再次警告蛇精，佛法广大，提醒它今后要改恶从善，不要祸害生灵。她对蛇精说："我念你今有悔改之意，念你膝下又有子子孙孙需你呵护，不忍心让你死，但我警告你，离开这里后到深山荒野去修行，不得再涂炭生灵，好生修行，否则……"

观世音警告它后，将佛帚一挥，一只大海龟就来到她面前。她叫蛇精和它的子子孙孙伏在龟背上，命海龟将它们带离出海。海龟游到哪里，哪里的莲花就纷纷向两边散去，海龟通畅无阻地向远方游去。

蛇精离开后，普陀山从此就再也没有见到蛇了。

五、普陀山的历史文化

普陀山作为我国佛教四大名山之首，其魅力绝不单单来自于美妙绝伦的自然风光和美景，更来自于深厚的历史文化底蕴，其悠久的历史和独特的文化更成为普陀山景区之外为人们所关注的焦点。

（一）普陀山的发展历史

据史书记载，早在两千多年前，普陀山即为道人修炼之宝地。之后，普陀山更凭借其特有的山海风光与神秘幽邃的佛教文化，吸引了众多文人雅士来山隐居、修炼、游览。秦代安其生、汉代梅子真、晋代葛雅川，都曾来山修炼。普陀山作为中国古代海上丝绸之路始发港的重要组成部分，早在唐代就成为与日本、韩国及东南亚国家交往的必经通道和泊地。至今山上仍留有高丽道头、新罗礁等历史遗迹。

自观音道场开创以来，观光揽胜者络绎不绝。宋陆游、明董其昌等历代名士，都先后登山游历。历朝名人雅士、文人墨客，或吟唱，或赋诗，留下了大量珍贵的诗文碑刻，使普陀山文物古迹极为丰富。我国唐代著名画家阎立本所绘的杨枝观音碑以及建于元代的多宝塔，还有法雨寺的

美丽神秘的普陀山吸引了众多的文人雅士前来隐居、修炼

九龙殿不但是普陀山的镇山之宝，而且还是中华民族宝贵的艺术珍品。

普陀山不仅被文人骚客、高僧道长们所关注，而且还以其独特的自然风光和人文底蕴吸引了历代帝皇的到来。唐宋元明清五朝近二十位帝王为了祈求国泰民安，特遣内侍携重礼专程来普陀山朝拜观音。明太祖朱元璋、清圣祖康熙还多次召见普陀山高僧，赐金、赐字、赐佛经、赐紫衣，礼遇有加。五朝恩宠，千年兴革，佛国香火，由是鼎盛，赫赫声名，广播远扬。

今天，历经数十年艰辛的建设、开发和保护，普陀山风景名胜区管理日趋规范化、

普陀山有大量的碑刻古迹

制度化，旅游秩序井然，景区社会稳定，相继荣获了"国家级安全山、文明山、卫生山"、国家 5A 级旅游区、全国旅游消费者权益示范单位、全国文明风景旅游区示范点等荣誉，还通过了 ISO14001 环境质量管理体系的认证，并获得全国第四家 ISO14001 国家示范区等荣誉。

优越的人文环境、一流的旅游服务使普陀山常年游人如织，四季佛事不断。2004 年接待游客二百三十多万人次。每年三大香会节以及中国普陀山南海观音文化节、"普陀山之春"旅游节期间，游客更多，香火更旺。路上行人摩肩接踵，虔诚朝拜，一派"海天佛国，琉璃世界"庄严而又繁

普陀山常年游人如织

普陀山已成为集礼佛观光、避暑度假于一体的国家重点风景旅游区

荣的景象。

普陀山已经成为中外文化交流的窗口，成为集礼佛观光、避暑度假、文物考古、海岛考察、书画写生、影视摄制、民俗采风于一体的国家重点风景旅游区。

（二）普陀山的佛教文化

普陀山是全国著名的观音道场，其宗教活动可溯于秦，原始道教及仙人炼丹遗迹随处可觅。唐大中元年（847年），有梵僧来谒潮音洞，感应观音化身，为说妙法，灵迹始著。唐咸通四年（863年），日僧慧锷大师从五台山请观音像乘船归国，舟至莲花洋遭遇风浪，数番前行，无法如愿，遂信观音不肯东渡，乃留圣像于潮音洞侧供奉，称"不肯去观音"。

后经历代兴建，寺院林立。鼎盛时期，全山共有三大寺、八十八庵、一百二十八茅蓬，四千余僧侣，史称"震旦第一佛国"。

　　普陀山四面环海，风光旖旎，幽幻独特，被誉为"第一人间清净地"。山石林木、寺塔崖刻、梵音涛声，皆充满佛国神秘色彩。每年农历二月十九观音诞辰日、六月十九观音得道日、九月十九观音出家日，四方信众聚缘佛国，普陀山烛火辉煌、香烟燎绕，诵经礼佛，通宵达旦，其盛况令人叹为观止。每逢佛事，屡现瑞相，信众求拜，灵验频显。绵延千余年的佛事活动，使普陀山这方钟灵毓秀之净土，积淀了深厚的佛教文化底蕴。观音大士结缘四

普陀山四面环海，风光旖旎

海，有句俗语叫："人人阿弥陀，户户观世音"，观音信仰已被学者称为"半个世界的信仰"。

（三）普陀山三大文化活动

今天，我们除了可以徜徉于普陀山浓厚的佛教文化氛围之外，近年来，由于普陀山景区倾力打造的普陀山南海观音文化节、普陀山观音香会节和"普陀山之春"旅游节三大文化活动，更能使我们感受到普陀山深厚的历史文化魅力和人文底蕴。

普陀山南海观音文化节

普陀山南海观音文化节是舟山三大旅游节庆之一，以普陀山深厚的观音文化底蕴为依托，以弘扬观音文化、打造文化名山为

南海观音像

内涵的佛教旅游盛会。每年 11 月份举办，期间有大型法会、佛教音乐会、信众朝圣、莲花灯会、文化研讨会、佛教文化旅游品展览会等一系列活动，吸引众多海内外观音弟子、佛教信徒、香客游客聚缘"佛国"。

普陀山普陀寺一景

普陀山观音香会节

普陀山观音香会节，又称"普陀山三大香会期"，每年农历二月十九、六月十九、九月十九为观音生日、得道、出家三大香会。此时普陀山盛况空前，从普济寺的中门到佛顶山，香客如涌；从法雨寺的九龙殿到千级石阶的香云山径，信徒礼膜参拜，一步一跪拾级而上，虔诚之至，

南海渔村村民

令人感悟。1997年农历九月廿九，南海观音露天铜像建成，此日乌云密布，妙善大和尚宣布铜像开光时，刹那间天门洞开，阳光普照，令海内外信徒无不倾服。

"普陀山之春"旅游节

"普陀山之春"是融群众娱乐、游客参与为一体的互动性大型旅游娱乐文化活动。于1990年首创，每年3月举办一届。其内容丰富多彩，包括声乐、舞蹈、戏剧、书画、摄影、灯谜、幸运抽奖、佛国茶道、旅游义工活动等，是普陀山继观音文化节、香会节之后的又一旅游盛会。

俗话说得好，"民以食为天"，普陀山有

六、普陀山的特色饮食

普陀山海产品

如此美的景色风光，如若没有美食那肯定会大煞风景了。不过，享誉数千年的普陀山在饮食方面也毫不逊色于其美景。最具特色的主要还是素斋、海鲜和紫涛盛宴这三种，如果有机会到普陀山观光旅游，一定不要错过！

素斋

普陀山的素斋种类繁多、气味芬芳、清新淡雅、营养丰富，一向受到海内外游客的好评，如果有兴趣也可以在寺内吃一顿素斋。普陀山的三大寺（普济寺、法雨寺、佛顶山慧济寺）的斋堂都有方便香客赶斋的时间。一般早餐为 5:30—6:00，午饭为 10:00—11:00，晚饭 16:30-17:00 左右。到时候不妨到客堂打听一下，花十几块钱吃一顿斋饭，经济实惠，别有一番风味。

海鲜

普陀山的活海鲜相当丰富。黄鱼、墨斗鱼、海蟹、花蛤、淡菜、贝壳类、条纹虾等应有尽有。除各宾馆、山庄的餐饮外，饭店主要集中在海鲜园、前寺、后寺和南天门附近。其中，海鲜园集中了52家海鲜餐馆，在海内外享有很高的声誉，吸引了不少慕名而来的游客。

紫涛盛宴

如果旅游重点是吃新鲜的海鲜，10月份来最好。舟山是世界四大渔场和三大渔

海贝壳

舟山享有"中国渔都"
之美誉

港之一，舟山群岛的东海渔场在海内外享有盛名。千余种鱼、蟹、虾、贝、藻类使舟山享有"中国渔都"之美誉。经过舟山人民几十年来对海鲜美食文化的演绎，无论是夜幕下海边的海鲜夜排档，还是地道渔家风味的渔家宴，都构成了脍炙人口的"中国海鲜，吃在舟山"的美食佳话。